돼지학교 수학 3

피타고라스 학교에 간 돼지

약수와 배수

백명식 글·그림 | 이정(전국수학교사모임) 감수

내인생의책

돼지 삼총사와 큐리, 어스는 오늘도 고민이 많아.
마왕이 낸 수수께끼를 풀었는데도 매틱 별의 숫자가 돌아오지 않았거든.
"어떻게 된 일이지?"
큐리가 한숨을 폭 내쉬자 데이지가 말했어.
"안개 마을에 사는 수학 마녀는 우주의 모든 비밀을 알고 있대.
수학 마녀한테 물어보면 어때?"
"수학 마녀가 우리를 도와줄까?"
어스는 걱정스러운 눈치야.
"안개 마을부터 가 보자. 방법이 있겠지!"
꾸리가 친구들을 이끌며 씩씩하게 말했어.

저 사람이 수학 마녀인가 봐.

뚜띠빠 빠빠라! 어스가 큐브를 돌렸어.
그러자 돼지 삼총사와 큐리, 어스는 순식간에 안개 마을에 도착했어.
"너희는 누구니? 무슨 일로 왔지?"
차를 마시던 수학 마녀가 물었어.
"우주 마왕이 없애 버린 매틱 별의 숫자를 찾으러 왔어요. 수학 마녀님, 어떻게 하면 숫자를 돌아오게 할 수 있을까요?"
꾸리가 다짜고짜 물었어.
"음, 내가 낸 세 가지 임무를 마친다면 도와주마."
"임무만 마치면 도와주신다는 거죠? 뭐든지 할게요!"
돼지 삼총사가 한목소리로 말했어.
"첫 번째 임무! 피타고라스 학교를 졸업하렴."
수학 마녀가 손을 휘두르자 아이들이 뿅 사라졌지.
어디로 간 걸까?

"아이쿠, 어지러워. 여기가 어디지?"
"저기 봐! 피타고라스 학교라고 써 있어."
도니의 말에 데이지가 멀리 손짓하며 외쳤어.
"신입생들이니? 나는 필롤라오스란다. 얼른 가자꾸나.
운동장에 학생들이 모두 모여 있단다."
붉은 수염을 기른 선생님이 다가와 말했어.
돼지 삼총사와 큐리, 어스는 필롤라오스 선생님을 따라갔어.

꿀꿀ξ 더 알아보기

피타고라스는 누구일까?

피타고라스는 고대 그리스의 학자예요. 만물의 근원을 수로 보았고, 수의 성질과 관계를 탐구했어요. 직각 삼각형과 정사각형의 관계를 '피타고라스의 정리'라는 공식으로 증명해 내기도 했지요. 피타고라스는 따르는 제자들이 많아 한 무리의 피타고라스 학파를 이루었어요. 피타고라스의 제자로는 우주를 탐구한 필롤라오스, 음계를 연구한 아르키타스, 무리수를 최초로 증명한 히파수스 등이 있어요.

운동장에 도착하자 뿌우, 뿌우, 나팔 소리가 울려 퍼졌어.
모두들 앞서거니 뒤서거니 빠르게 달려나갔지.
돼지 삼총사와 큐리, 어스도 허둥지둥 다른 학생들을 뒤따랐어.
"헉헉, 갑자기 웬 달리기람?"
도니가 숨을 헐떡이며 말했어.

"우리 학교는 2일, 4일, 6일처럼 2의 배수의 날에 마라톤을 한단다.
3의 배수의 날에는 노래 연습을 하지."
필롤라오스 선생님이 설명해 주었어.
"휴, 물 한 모금만 마셨으면 좋겠다."
"물은 5스타디온마다 놓여 있단다. 시작점에서부터 5의 배수의 위치에서만
마실 수 있지. 2스타디온만 더 가면 될 거야."
꾸리가 가쁜 숨을 내쉬자 반환점을 되돌아오던 남자가 말했어.
"스타디온은 185미터를 말하는 그리스 단위래. 370미터만 가면 돼. 힘내!"
어느새 데이지가 다가와 꾸리를 다독였어.

반환점

꿀꿀 더 알아보기

배수란?

어떤 수가 그 수만큼 거듭되어 커지는 수를 말해요. 어떤 수의 배수든 계속해서 거듭되면 무한에 이를 만큼 커지죠. 배수는 한자로 倍數라고 써요. 이때 倍는 곱한다는 뜻으로, 똑같은 수가 거듭해 커진다는 뜻이에요.

마라톤이 끝나고 피타고라스 학교의 첫 수업이 시작되었어.
"만나서 반갑구나. 나는 피타고라스란다.
오늘은 첫 수업이니 같이 앉을 짝부터 정해 보자."
피타고라스 선생님이 말했어.
아이들은 재잘대며 금세 두 명씩 짝을 지었어.
뒤늦게 교실에 들어온 꾸리는 혼자 앉게 되었지 뭐야.
"우리 반이 15명이라 한 명은 혼자 앉아야 하는데…….
도니야, 다음에 짝을 바꿀 때는 꼭 짝지어 주마."
피타고라스 선생님이 축 처진 도니의 어깨를 토닥거려 주었어.

나만 짝이 없어. 홀수가 싫어!

꿀꿀= 더 알아보기

짝수와 홀수

짝은 둘이 한 쌍을 이루는 것을 말해요. 그래서 짝수는 둘씩 짝지었을 때 나머지 없이 딱 떨어지는 수를 뜻하지요. 짝을 이루려면 둘씩 늘어나야 하므로 2, 4, 6, 8 같은 2의 배수는 모두 짝수예요. 반대로 둘씩 짝지었을 때 나머지가 1인 수는 홀수라고 해요. 1, 3, 5, 7 같은 2의 배수가 아닌 모든 수는 홀수랍니다.

"선생님 꼭 짝을 정해야 하나요? 다섯 명씩 같이 앉으면 어떨까요?"
꾸리가 벌떡 일어나 말했어.
"그것도 좋은 생각이구나. 하지만 왔다 갔다 하기 불편하지 않겠니?"
피타고라스 선생님이 생각에 잠기며 마지못해 대답했어.
이번에는 어스가 손을 번쩍 들었어.
"그럼 세 명씩 앉을까요? 세 명씩 앉아도 열다섯 명 모두 같이 앉을 수 있어요."
"허허, 그럼 되겠구나. 제법인걸!"
피타고라스 선생님이 무릎을 탁 쳤어.

꿀꿀ミ 더 알아보기

배수 판별법

어떤 수가 다른 수의 배수인지 아닌지 쉽게 알아보는 방법을 '배수 판별법'이라고 해요. 각 자릿수를 살피면 어떤 수의 배수인지 금방 구할 수 있답니다.
마지막 자릿수가 짝수면 2의 배수예요. 각 자릿수를 모두 더한 값이 3으로 나뉘면 3의 배수고요. 끝에 있는 두 자릿수가 4로 나뉘면 4의 배수예요. 마지막 자릿수가 0이나 5면 5의 배수지요.

땡땡땡. 수업이 모두 끝났어.
돼지 삼총사와 큐리, 어스는 기숙사로 발걸음을 옮겼지.
"너희들 왜 벌써 기숙사에 돌아왔니?"
기숙사 앞에 있던 필롤라오스 선생님이 물었어.
"아침에 마라톤도 했고, 수업도 다 끝났는걸요."
데이지가 고개를 갸웃했어.
"오늘은 6일로 3의 배수의 날이기도 해. 너희만 노래 연습에 빠졌어.
규칙을 어겼으니 벌칙으로 텃밭 정리를 해야 한다. 알겠니?"
"앗, 깜빡했다. 오늘은 마라톤도 하고 노래 연습도 하는 날이구나."
필롤라오스 선생님의 말에 꾸리가 머리를 긁적였어.

꿀꿀 더 알아보기

공배수란?
두 개 이상의 수에 공통된 배수를 '공배수'라고 해요. 예를 들어 6은 2와 3의 공배수예요. 2씩 커지는 2, 4, 6 같은 2의 배수와 3씩 커지는 3, 6, 9 같은 3의 배수에 모두 해당하지요. 공배수 가운데 가장 작은 수는 '최소 공배수'라고 해요. 배수는 무한하게 커지기 때문에 '최대 공배수'는 구할 수 없답니다.

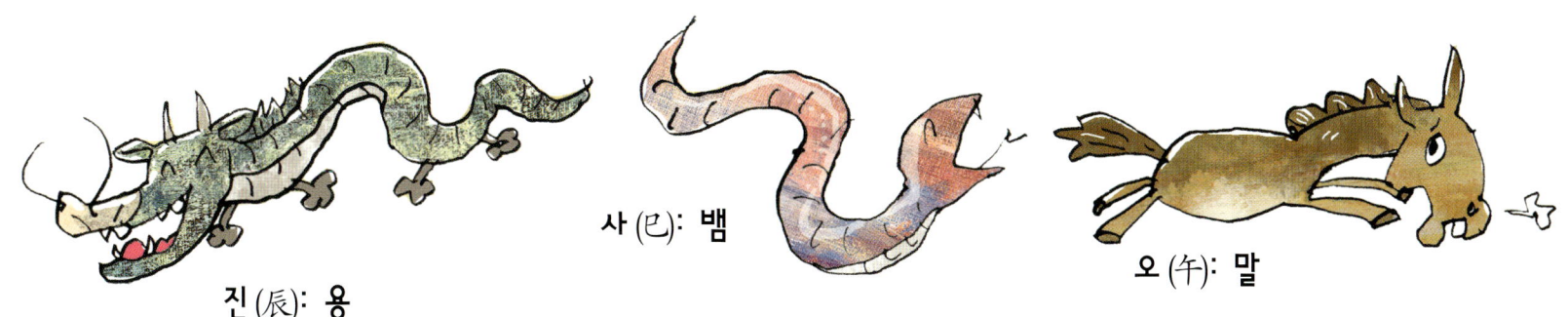

진(辰): 용 사(巳): 뱀 오(午): 말

미(未): 양

"갑오년이라니, 처음 듣는 소리인데?"
"갑오년은 우리 조상들이 쓰던 연도 표현이야."
어스의 질문에 데이지가 똑 부러지게 대답했어.

신(申): 원숭이

유(酉): 닭

꿀꿀 더 알아보기

십간십이지란?

우리 조상들이 연도를 표기하던 방법을 '십간십이지'라고 해요. 십간은 일을 세는 단위로 갑, 을, 병, 정, 무, 기, 경, 신, 임, 계 10개로 이루어졌어요. 십이지는 달을 세는 단위로 자, 축, 인, 묘, 진, 사, 오, 미, 신, 유, 술, 해 12개로 이루어졌지요.

십간십이지는 십간과 십이지에서 한 글자씩 따와 나타내요. 예를 들어 임진왜란이 일어난 1592년 임진년은 십간에서 임을, 십이지에서 진을 따와 표기한 연도예요. 십간십이지에서 똑같은 해는 60년에 한 번씩 돌아와요. 10개 십간과 12개 십이지의 최소 공배수가 60이기 때문이랍니다.

"오늘은 공을 가지고 수업해 보자. 책상에 놓인 공을 12개씩 묶어 보렴.
단, 묶음마다 공의 개수는 같아야 해."
피타고라스 선생님이 말했어.
돼지 삼총사와 큐리, 어스가 손을 바쁘게 움직였지.
도니는 두 개씩 여섯 묶음을, 데이지는 세 개씩 네 묶음을,
꾸리는 네 개씩 세 묶음을, 큐리는 여섯 개씩 두 묶음을 만들었어.
어스는 장난만 치다가 공을 가지런히 모아 두었지.
"모두 잘했다. 어스는 12개가 든 한 묶음을 만들었구나. 껄껄."
피타고라스 선생님이 흐뭇한 표정으로 웃었어.

꿀꿀 더 알아보기

약수란?

어떤 수를 나머지 없이 나누는 수를 '약수'라고 해요. 나머지가 0이 되도록 딱 떨어지게 말이에요. 약수는 한자로 約數라고 써요. 이때 約은 묶는다는 뜻으로, 주어진 대상을 똑같은 묶음 여러 개로 나눈다는 뜻이에요.

"책상에 놓인 공이 몇 묶음인지 돌아가며 말해 볼까?"
피타고라스 선생님이 물었어.
"저는 공 세 개씩 네 묶음이에요."
데이지가 번쩍 손들고 말했어.
"저는 공 네 개씩 세 묶음이에요."
이번에는 꾸리가 대답했어.
"어? 공을 세 개씩 묶으나 네 개씩 묶으나 나머지 없이 똑 떨어져요."
큐리가 두 눈을 반짝이며 말했어.
"그렇지! 세 개씩 묶으면 네 묶음이, 네 개씩 묶으면 세 묶음이 나온단다.
두 개씩 묶거나 여섯 개씩 묶어도 똑 떨어지지."
피타고라스 선생님이 찬찬히 알려 주었어.

저는 네 개씩 묶었어요.

꿀꿀 더 알아보기

가장 작은 약수, 가장 큰 약수

어떤 수의 약수가 여러 개라고 할 때, 약수 가운데 특정한 두 약수끼리 곱하면 언제나 같은 값이 나와요. 12의 약수 1, 2, 3, 4, 6, 12 가운데 둘씩 짝지은 1×12, 2×6, 3×4의 값은 모두 12지요. 재미있는 점은 어떤 수든 1과 자기 자신을 약수로 가진다는 거예요. 그래서 1은 약수 중 가장 작고, 자기 자신은 약수 중 가장 커요.

쉬는 시간이 되자 학생들은 운동장으로 우르르 뛰어나갔어.
돼지 삼총사와 큐리, 어스만 교실에 덩그러니 남았지.
"너희 다섯은 아주 친한 친구 같은걸?"
"데이지, 꾸리랑 저는 원래 삼총사예요. 큐리, 어스도 이제 친한 친구가 되었고요."
도니가 어깨를 으쓱하며 피타고라스 선생님의 물음에 대답했어.
"그럼 우애수를 징표로 삼으렴. 친구끼리 우애수를 지니면 평생 우정을 나눈다고 전해지지."
피타고라스 선생님은 아이들의 손바닥에 220과 284라는 숫자를 적어 주었어.
"우아! 우린 이제 평생 친구야!"
돼지 삼총사와 친구들이 폴짝폴짝 뛰며 좋아했어.

우애수는 우정을 나누는 수란다.

꿀꿀 더 알아보기

우애수

'우애수'는 특별한 두 수의 관계를 말해요. 한 수의 약수들 가운데 자기 자신을 뺀 약수들의 합이 다른 한 수와 값이 같은 경우를 말한답니다. 220과 284가 대표적인 우애수지요. 220의 약수에는 1, 2, 4, 5, 10, 11, 20, 22, 44, 55, 110, 220이 있는데, 이때 220을 뺀 나머지 약수를 모두 더하면 284가 돼요. 284의 약수 1, 2, 4, 71, 142, 284 가운데 284를 뺀 나머지 약수를 모두 더하면 220이 되고요. 약수의 합이 서로와 닮다니, 꼭 서로의 마음을 알아주는 우애 좋은 친구 같지요?

땡땡땡. 어느새 수업을 마치는 종소리가 들렸어.

"열심히 공부했으니 상을 주마."

피타고라스 선생님이 자루 하나를 건네며 말했어.

자루를 풀자 과일이 우르르 쏟아졌지. 사과가 열두 개, 배가 열여덟 개였어.

"어떻게 나눠 먹지?"

"12와 18은 둘 다 6으로 나뉘니까 여섯 명이 사과는 세 개씩, 배는 두 개씩 먹으면 되겠어."

"우리는 다섯 명인데 어쩐담?"

큐리와 데이지가 머리를 맞대고 과일 나누는 방법을 고민했어.

"좋은 방법이 있어! 피타고라스 선생님과 같이 먹으면 어때?"

도니가 모처럼 야무진 해결책을 내놨지.

6명이 나눠 먹으면 공평하겠어!

꿀꿀 더 알아보기

공약수란?

두 개 이상의 수를 공통으로 나누어떨어지게 하는 약수를 '공약수'라고 해요. 예를 들어 1, 2, 3, 6은 6과 12의 공약수예요. 6의 약수 1, 2, 3, 6과 12의 약수 1, 2, 3, 4, 6, 12 모두에 속하지요. 공약수 가운데 가장 큰 수는 '최대 공약수', 가장 작은 수는 '최소 공약수'라고 해요. 어느 수든 1을 가장 작은 약수로 가지기 때문에 항상 1이 최소 공약수가 되지요. 그래서 보통 최소 공약수는 구하지 않고, 최대 공약수만 구한답니다.

'귀신이다!'
창문 밖을 내다보던 도니가 깜짝 놀라고는
겁에 질려 얼른 친구들에게 돌아갔지.
모두들 피타고라스 선생님의 이야기에 집중하고 있었어.
"만물은 모두 수로 나타낼 수 있어요. 바로 자연수로 말이에요."
그때 누군가 벌컥 문을 열고 들어와 큰 소리로 말했어.
"우리 스승님은 거짓말쟁이예요! 세상은 자연수만으로 이루어지지 않았다고요!"
피타고라스 선생님의 제자 히파수스였지.

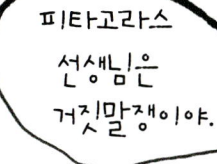
피타고라스 선생님은 거짓말쟁이야.

무서워서 혼났네.

꿀꿀 더 알아보기

자연수란?

자연수는 1부터 시작해 1씩 커지는 수를 말해요. 1부터 자연수이므로 0은 자연수가 아니지요. 피타고라스와 제자들은 만물이 자연수로 이루어져 있다고 믿었어요. 하지만 어떤 삼각형의 빗변은 자연수가 될 수 없다는 사실을 알게 되었지요. 피타고라스와 제자들은 이 일을 비밀에 부치기로 했지만 제자 중 한 명인 히파수스가 사람들에게 사실을 알리고 말았어요. 결국 히파수스는 다른 제자들에게 죽임을 당하고 말았답니다.

한바탕 소동이 벌어진 다음 날 아침,
돼지 삼총사와 큐리, 어스는 일등으로 교실에 도착했어.
도니는 자리에 앉기 무섭게 가방을 열더니 주섬주섬 종이를 꺼냈지.
"어젯밤에 미리 풀어 보려고 했는데 도무지 풀리지 않아.
3과 5는 약수가 1과 자기 자신밖에 없어. 왜 약수가 두 개뿐이지?"
"도니야, 그러지 말고 이따 선생님께 물어보면 어때?
수업 시작하기 전에 십 분만 운동장에서 놀자!"
꾸리가 도니 손을 잡고 졸랐어.

지금 공부할 때가 아니야. 십 분이나 놀 수 있다고!

 더 알아보기

소수와 합성수

자연수는 1과 소수와 합성수로 나눌 수 있어요. 소수는 약수가 1과 자기 자신뿐인 수를 말해요. 2가 대표적인 소수이지요. 1과 2밖에 약수가 없으니까요. 2 이외에 3, 5, 7, 11 등도 약수가 1과 자기 자신뿐인 소수랍니다. 1도 소수도 아닌 나머지 수는 모두 합성수예요. 합성수는 항상 약수를 3개 이상 가져요.

수업 시간이 되자 피타고라스 선생님이 교실로 들어왔어.

"오늘은 특별한 수를 알아보자.

약수가 1과 자기 자신밖에 없는 수가 있단다. 어떤 수일까?"

"3이랑 5요!"

아침 내내 울상이던 도니가 환한 얼굴로 대답했어.

"그렇지! 3과 5처럼 약수가 1과 자기 자신밖에 없는 수를 소수라고 한단다.

하지만 3과 5 말고도 소수는 많아."

피타고라스 선생님은 칠판에 1부터 100까지 쓰더니

동그라미 표시로 순식간에 소수들을 가려냈어.

소수와 소수는 다르다니까!

← 에라토스테네스

바로 저분이 지구의 반지름을 구한 분이야.

두 가지의 소수

소수 1과 자기 자신 말고 다른 약수가 없는 수.
예) 2, 3, 5, 7, 11, 13

소수 0보다 크고 1보다 작은 수.
0 다음에 점을 찍어 나타내요.
예) 0.1, 0.33, 0.99

꿀꿀 더 알아보기

에라토스테네스의 체

고대 그리스의 학자인 에라토스테네스는 소수를 쉽게 구분하는 법을 알아냈어요. 소수만 남기고 소수의 배수는 차례대로 지워 나가는 방법이었죠. 소수를 체로 걸러 내는 것 같다고 해서 '에라토스테네스의 체'라고 불러요. 방법은 다음과 같아요. 1부터 100까지 숫자를 적고 작은 수부터 따져 나가요. 1은 소수가 아니므로 X 표시를 해요. 2는 소수이므로 O 표시를 하고 2, 4, 6 등과 같은 2의 배수를 모두 지워요. 3은 소수이므로 O 표시를 하고 6, 9, 12 등과 같은 3의 배수를 모두 지워요. 4는 2의 배수이므로 이미 지워졌겠죠? 이렇게 계속 지워 나가면 100까지의 수 가운데 소수를 금세 구분해 낼 수 있답니다.

"고운 목소리로 한 번 더!"

어느새 졸업 시험이 코앞이야.
"구구단을 외자, 구구단을 외자.
이 일은 이, 이 이는 사, 이 삼은 육, ……."
큐리와 데이지가 입을 모아 구구단을 외웠어.

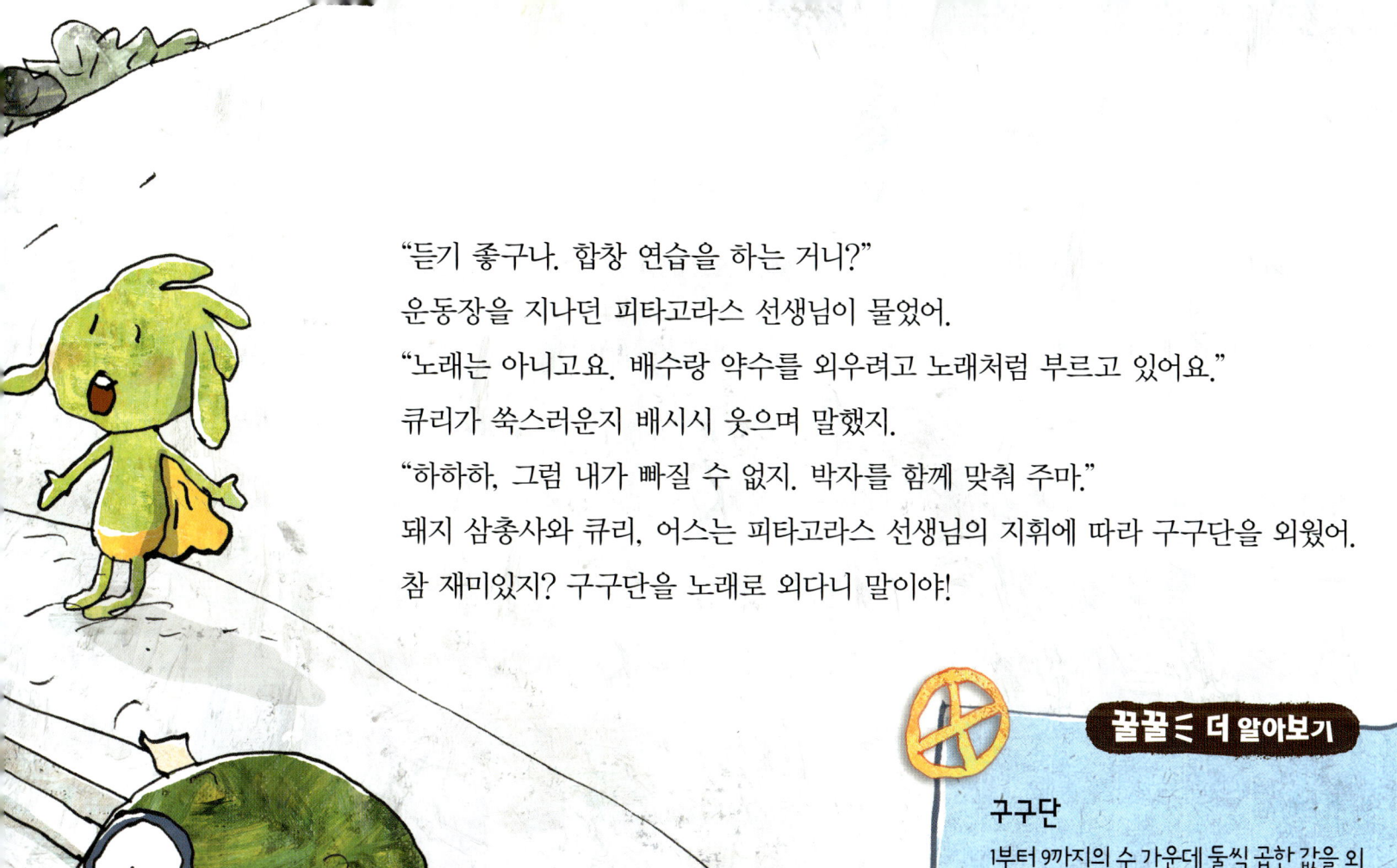

"듣기 좋구나. 합창 연습을 하는 거니?"
운동장을 지나던 피타고라스 선생님이 물었어.
"노래는 아니고요. 배수랑 약수를 외우려고 노래처럼 부르고 있어요."
큐리가 쑥스러운지 배시시 웃으며 말했지.
"하하하, 그럼 내가 빠질 수 없지. 박자를 함께 맞춰 주마."
돼지 삼총사와 큐리, 어스는 피타고라스 선생님의 지휘에 따라 구구단을 외웠어.
참 재미있지? 구구단을 노래로 외다니 말이야!

꿀꿀 더 알아보기

구구단

1부터 9까지의 수 가운데 둘씩 곱한 값을 외우는 방법이에요. 이 일은 이, 이 이는 사, 이 삼은 육, ... 이런 식으로 9단까지 계속 이어지죠. 구구단은 약수와 배수의 원리를 이용한 공식이에요. 곱하기 전에 외우는 두 수는 약수이고, 곱한 뒤에 외우는 수는 배수지요. 그래서 구구단을 외우면 약수와 배수를 한 번에 익힐 수 있답니다.

"실력 발휘 좀 해 보렴."

피타고라스 학교 제31회 졸업 시험

문제. 배추 54통과 무 48개와 호박 36개가 있어요. 될 수 있는 대로 많은 사람에게 똑같이 나누어 주려고 합니다. 얼마나 많은 사람에게 줄 수 있으며, 한 사람당 배추와 무와 호박을 몇 개씩 가질 수 있을까요?

피타고라스 학교의 졸업 시험일이 되었어.
모두 얼마나 긴장되는지 시험지를 받고 덜덜 떨었지.

답: 6명에게 나누어 줄 수 있어요. 한 사람당 배추는 9통, 무는 8개, 호박은 6개를 가질 수 있어요.

큐리와 어스는 이내 쓱쓱 답을 풀어 나갔어.
꾸리와 데이지도 질세라 연필을 움직였어.

먼저 54, 48, 36의 공약수를 구해야 해.

54
①,②,③,⑥,
9, 18, 27,
54

48
①,②,③,④,
⑥, 8, 12, 16
24, 48

36
①,②,③,④,⑥
9, 12, 18, 36

그다음 54, 48, 36을 최대 공약수로 나누면 돼!

6)54 = 9

6)48 = 8

6)36 = 6

몇 명이 나눠 가져야 공평할까?

좀 헷갈리네.

큐리와 어스는 시험지를 제출하고는 교실을 제일 먼저 나섰어.
꾸리와 데이지도 헐레벌떡 교실을 뛰어나갔지.
'아휴, 여기서 또 막히네.'
도니만 홀로 남아 문제와 씨름하고 있었어.
피타고라스 선생님이 다가와 도니의 시험지를 물끄러미 들여다봤지.
"수를 가장 작은 약수들로 쪼개 보면 어떠니?"
피타고라스 선생님은 도니에게 넌지시 귀띔했어.
"쪼갤 수 없을 때까지 나누라니…….
아! 소수로 나누면 답을 쉽게 구할 수 있겠구나!"
도니는 금세 문제를 풀고는 룰루랄라 교실을 나섰어.

꿀꿀 더 알아보기

소인수분해란?

주어진 수를 소수인 약수로만 나타내는 것을 말해요. 가장 작은 소수 2부터 시작해 3, 5, 7, 11과 같은 소수들의 곱으로 수를 나타내는 거예요. 예를 들어 12는 2×6으로 나타낼 수 있는데, 이때 6은 2×3으로 나타낼 수 있으므로 12는 2×2×3으로 소인수분해할 수 있어요.

54, 48, 36을 소인수분해 한 뒤 공약수만 제외하면 돼!

54 = 2×27 = 2×3×9 = 2×3×3×3 9

48 = 2×24 = 2×3×8 = 2×3×2×4
    = 2×3×2×2×2 8

36 = 2×18 = 2×3×6 = 2×3×2×3 6

땡땡땡. 시험이 끝나자 종소리가 울렸어.
운동장에 모여 있는 아이들에게 피타고라스 선생님이 말했어.
"모두 졸업 시험에 통과했더구나, 기특한 녀석들.
어디 있든 너희는 내가 아끼는 제자들이란다. 힘들면 언제든 찾아오렴."
피타고라스 선생님은 졸업장을 건네며 제자들을 꼭 안아 주었어.
"선생님이 알려 주신 수의 세계를 잊지 않을게요. 건강하세요!"
돼지 삼총사와 큐리, 어스가 손을 흔들며
피타고라스 선생님께 인사했어.

뚜띠빠 빠빠라.
큐브를 돌리자 돼지 삼총사와 큐리, 어스는 안개 마을로
되돌아왔어.
"피타고라스 학교를 졸업하고 왔어요!"
꾸리가 졸업장을 내보이며 자랑스레 말했어.
"호호, 제법이구나. 다음 임무를 맡을 준비됐니?"
수학 마녀가 흐뭇하게 웃으며 말했어.
돼지 삼총사와 큐리, 어스는 매틱 별의 숫자를
되찾자며 씩씩하게 다짐했어.
피타고라스 선생님이 손바닥에 그려 준
우정의 징표를 꼭 쥐고 말이야.

노래를 들어 봐요 ♪

용감한 돼지 삼총사와 떠나는 창의적 수학 교과서
돼지학교 수학

돼지학교 수학 시리즈는 초등 수학의 다섯 가지 영역인 수와 연산, 도형, 측정, 규칙성, 확률·통계의 기초를 다지면서 여러 가지 현상과 생활이 연결된 수학적 의미와 수학의 역사, 수학자 이야기, 생활 속 수학 등을 스토리텔링 방식으로 익힐 수 있게 구성된 수학 책입니다. 돼지 삼총사와 함께 떠나는 신 나는 수학 여행! 그 속에서 여러 가지 미션을 수행하며 자연스럽게 창의적 문제해결 능력을 키울 수 있습니다.

한 권 한 권 읽을 때마다 수학 지식이 차곡차곡!

실생활 속 숨어 있는 수학 원리가 머리에 쏙쏙!

돼지 삼총사와 떠나는 모험으로 수학적 문제해결 능력이 쑥쑥!

① 숫자의 탄생　　⑥ 다양한 연산법　　⑪ 측정의 단위　　⑯ 비와 비율
② 고대 숫자　　　⑦ 평면도형　　　　⑫ 시간과 시각　　⑰ 집합
③ 약수와 배수　　⑧ 입체도형　　　　⑬ 통계와 그래프　⑱ 자연 속 수학
④ 분수와 소수　　⑨ 다각형　　　　　⑭ 확률　　　　　　⑲ 예술 속 수학
⑤ 계산의 역사　　⑩ 원　　　　　　　⑮ 함수　　　　　　⑳ 역사 속 수학

용감한 돼지 삼총사와 떠나는 창의적 융합과학 교과서
돼지학교 과학

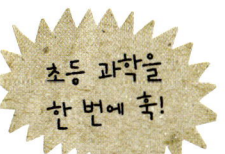
초등 과학을 한 번에 쏙!

초등 과학의 네 가지 영역인 생명, 지구와 우주, 물질, 운동과 에너지 분야를 모두 학습할 수 있도록 구성되었습니다. 꼭 알아야 할 초등 과학 지식을 주제별로 한 권에 하나씩 담아 초등 과학 과정 전체를 선행 학습할 수 있게 도와줍니다.

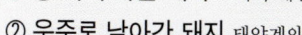
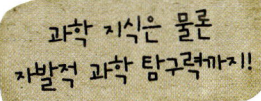
과학 지식은 물론 자발적 과학 탐구력까지!

다양한 모험 속에서 돼지 삼총사가 여러 가지 미션을 수행하는 과정을 통해 초등 과학 지식뿐만 아니라, 어린이들이 그 지식을 바탕으로 좀 더 깊고 넓게 학습할 수 있는 자발적 과학 탐구력까지 길러 줍니다.

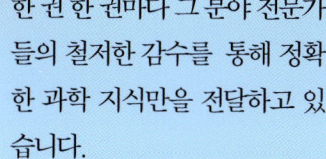
전문가의 손길이 닿은 정확한 내용

한 권 한 권마다 그 분야 전문가들의 철저한 감수를 통해 정확한 과학 지식만을 전달하고 있습니다.

① 똥 속에 빠진 돼지 소화와 배설
② 우주로 날아간 돼지 태양계와 별
③ 물 속에 빠진 돼지 물의 순환
④ 빛 속으로 날아간 돼지 빛과 소리
⑤ 뇌 속에 못 들어간 돼지 뇌의 구조와 기능
⑥ 뼈 속까지 들여다본 돼지 뼈의 구조와 기능
⑦ 달에 착륙한 돼지 지구와 달
⑧ 구름을 뚫고 나간 돼지 날씨와 기후 변화
⑨ 줄기 속으로 들어간 돼지 식물의 종류와 한살이
⑩ 개미지옥에 빠진 돼지 곤충의 한살이
⑪ 갯벌을 찾아 나선 돼지 갯벌의 동식물과 생태
⑫ 자동차 속으로 들어간 돼지 교통수단의 발달과 원리
⑬ 미생물을 먹은 돼지 미생물의 종류와 하는 일
⑭ 땅속을 뚫고 들어간 돼지 지층과 화석
⑮ 알을 주워 온 돼지 알과 껍데기
⑯ 열 받은 돼지 핵과 에너지
⑰ 로켓을 버리고 날아간 돼지 로켓과 우주선
⑱ 고래를 따라간 돼지 고래의 종류와 생태
⑲ 마술 부리는 돼지 산과 염기
⑳ 로봇 속으로 들어간 돼지 로봇의 원리와 하는 일